聪颖宝贝训练营

益智游戏

郭　红／编著

中国妇女出版社

图书在版编目（CIP）数据

聪颖宝贝训练营．益智游戏 / 郭红编著．-- 北京 ：中国妇女出版社，2022.1

ISBN 978-7-5127-2071-8

Ⅰ．①聪… Ⅱ．①郭… Ⅲ．①智力开发－学前教育－教学参考资料 Ⅳ．①G613.7

中国版本图书馆CIP数据核字（2021）第252768号

聪颖宝贝训练营——益智游戏

作　　者：郭　红　编著
责任编辑：张　于
封面设计：胡　艺
责任印制：李志国
出版发行：中国妇女出版社
地　　址：北京市东城区史家胡同甲24号　　　邮政编码：100010
电　　话：(010) 65133160 (发行部)　　　65133161 (邮购)
网　　址：www.womenbooks.cn
法律顾问：北京市道可特律师事务所
经　　销：各地新华书店
印　　刷：唐山楠萍印务有限公司
开　　本：170 × 240　1/16
印　　张：10
字　　数：50千字
版　　次：2022年1月第1版
印　　次：2022年1月第1次
书　　号：ISBN 978-7-5127-2071-8
定　　价：34.80元

前言

父母是孩子的第一任老师。越来越多的父母认识到，知识和智力之间不能简单地画等号，通过日常生活和游戏，对孩子进行智力开发非常重要。

智力开发是通过多种手段和方法，培养孩子认识客观事物，运用所学知识解决实际问题的能力。聪明不是天生的，但聪明的孩子都有使自己聪明的“秘诀”。我们精心编写的“聪颖宝贝训练营”这套书，针对3～8岁儿童智力开发的黄金年龄段，通过父母与孩子共同游戏、一起成长的方式，引导孩子在玩中涨知识，在亲子陪伴中增自信，找到使自己变聪明的“秘诀”。

本套书寓知识于智力游戏之中，配以充满童趣的图画，帮助父母引导孩子，在玩中学，在学中玩，感受亲子陪伴的成长乐趣。

目 录

要下雨啦

在大雨来临之前，哪些动物会有一些奇怪的举动呢？请你说一说。

①

②

③

④

玩具与数

请你根据给出的算式，算出每种玩具分别代表哪个数，然后将数写在方框里。

认识各种职业的人

图中画的是从事什么职业的人？哪些物品和他们的职业有关？用线连一连吧！

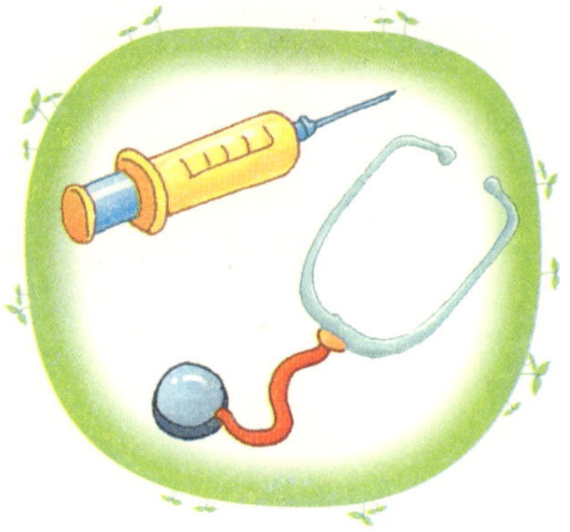

伞下躺着几个人

伞下有几双小脚丫？那么伞下躺着几个人呢？

倒过来的样子

小朋友，下图中的物品倒过来会是什么样子？请你想一想，圈一圈。

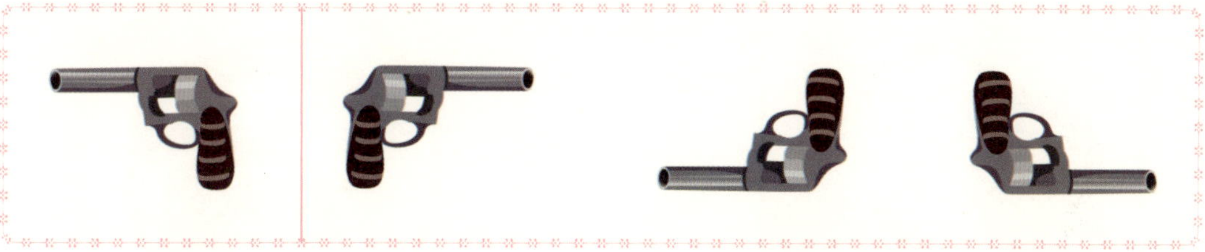

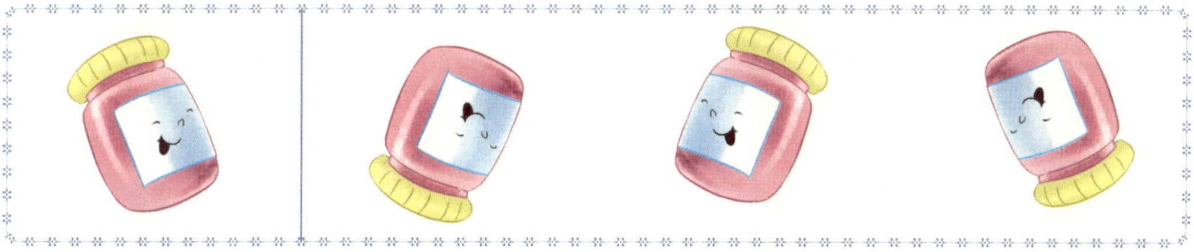

该打什么电话

遇到左列图中发生的情况时，该打哪个电话求救呢？请把左列图中发生的情况与右列图中相应的电话号码连线。

它们生活在哪里

下图中的小动物应该生活在什么地方？请连线。

摆出图形

小朋友，你能用绳子摆出下面这些好看的图形吗？与爸爸妈妈一起试一试。

圈出图形

下面的左列图都是由各种图形组成的图案，它们用到了右列哪些图形呢？请圈出来吧！

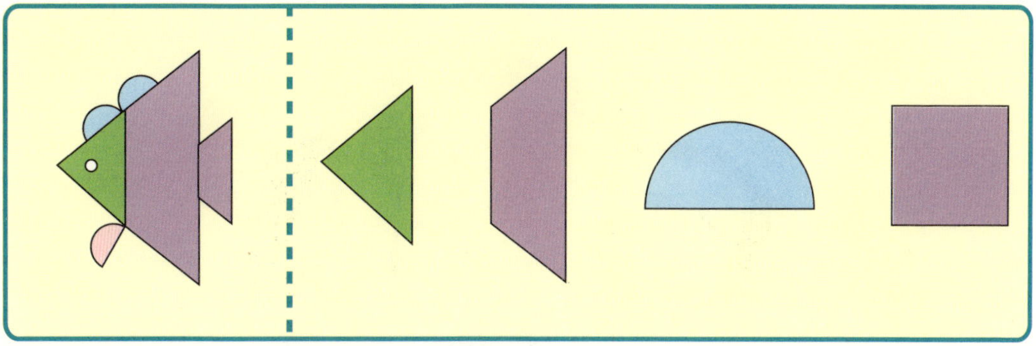

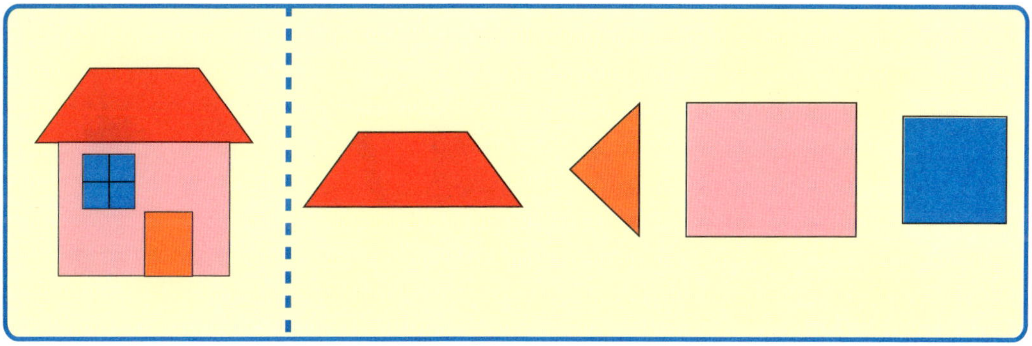

到海边玩

小朋友，在海上和沙滩上可以玩哪些东西呢？请你用笔圈出来吧！

动手拼一拼

小朋友，你能将右边的拼图拼成左边的完整图案吗？动手拼一拼吧！

他们为什么要跑

图中的人为什么要跑？请你分别说一说原因。

什么声音

小朋友，你知道下图中的人和场景会发出什么声音吗？请模拟一下。

学习形容词

请你用形容词描述下列事物吧！

又香又甜的红苹果。

谁对，谁不对

下图中谁做得对？在括号中打“√”。谁做得不对？在括号中打“×”。

（　　）

（　　）

（　　）

等　分

小朋友，你知道什么叫等分吗？学习一下等分的定义，然后在能等分的图形上打“√”，在不能等分的图形上打“×”。

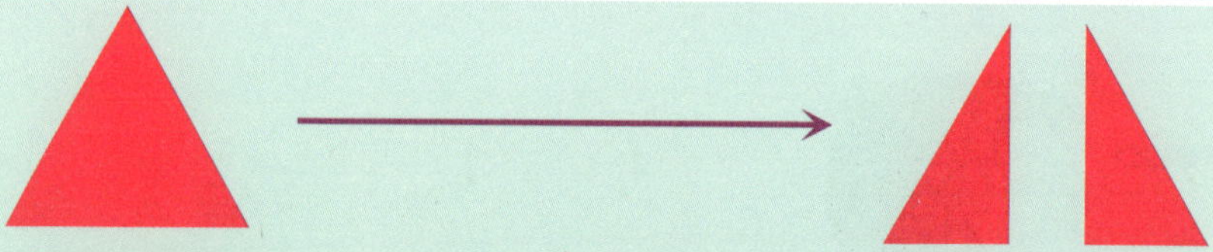

等分就是把一个物体或数量分成相同的几份。比如，一个等边三角形可以分成两个面积相等的三角形。

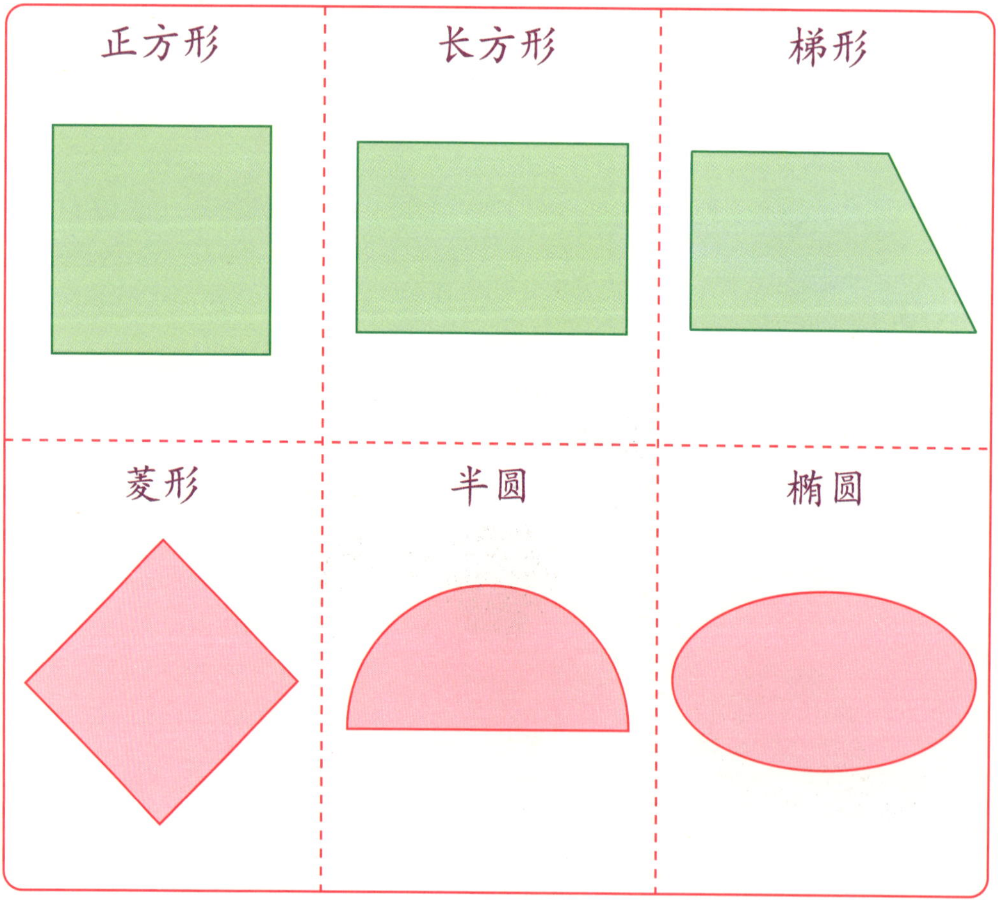

哪些物品可以等分

图中哪些物品可以等分？请你找出来，并用笔画一条线试试吧！

连线游戏

请你按照从 1~50 的顺序把数字旁的点连起来，看看是什么动物。

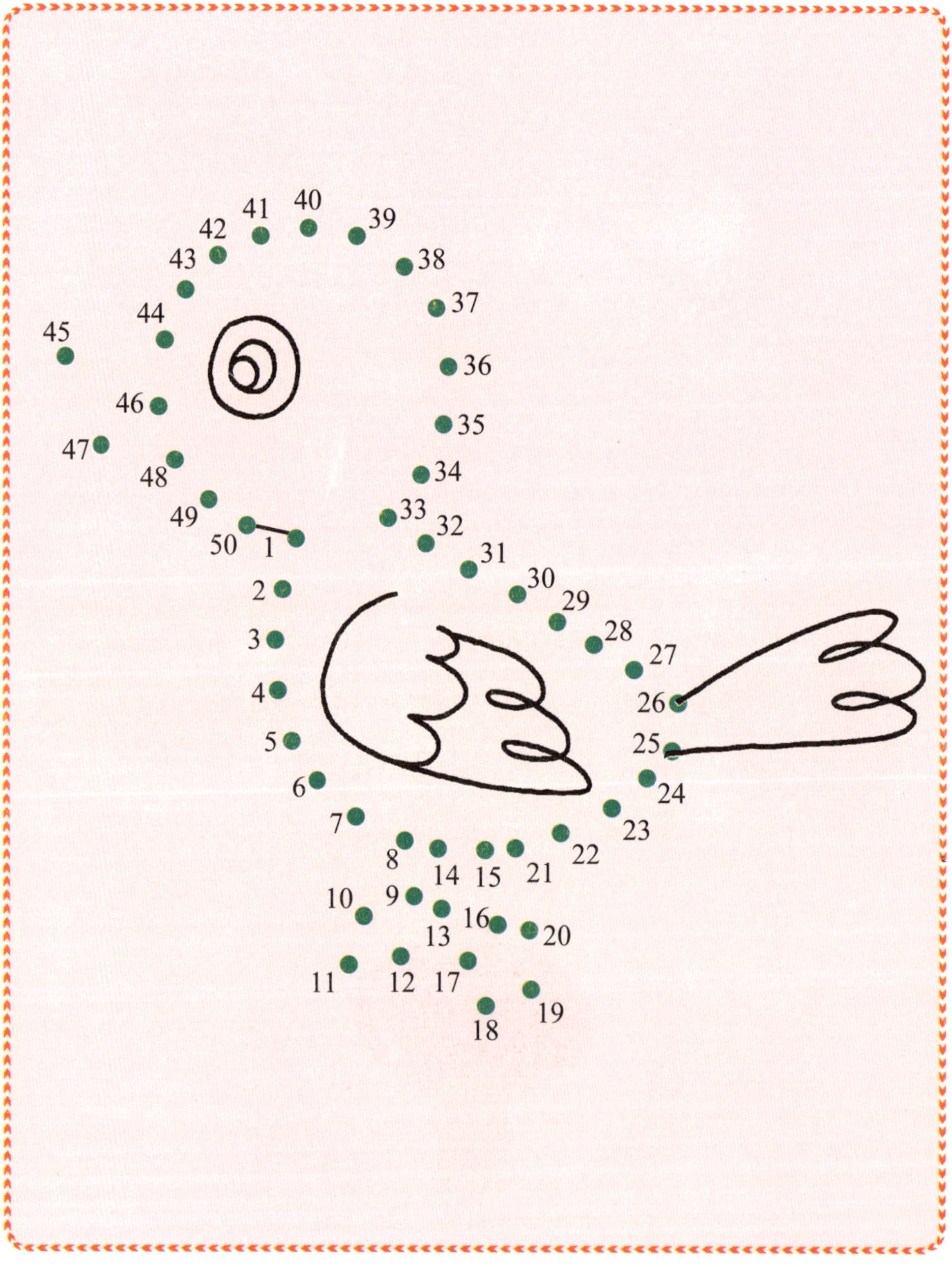

涂 色

下面哪些数字是单数，哪些数字是双数？给单数涂上红色，给双数涂上黄色。

认识相邻数

小朋友，你知道什么叫相邻数吗？一个数前面和后面相互邻近的两个数就是该数的相邻数，如 5 的相邻数是 4 和 6。根据规律，在空格中写出正确的数字吧！

1		3	
5	6		
9		11	
	14		16

认识钟表

你能根据下图的提示，给钟表画上时针和分针吗？

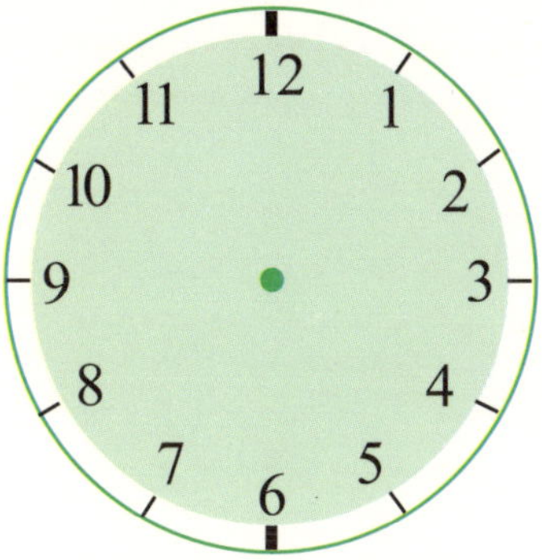

早上 7 : 30，去上学啦！

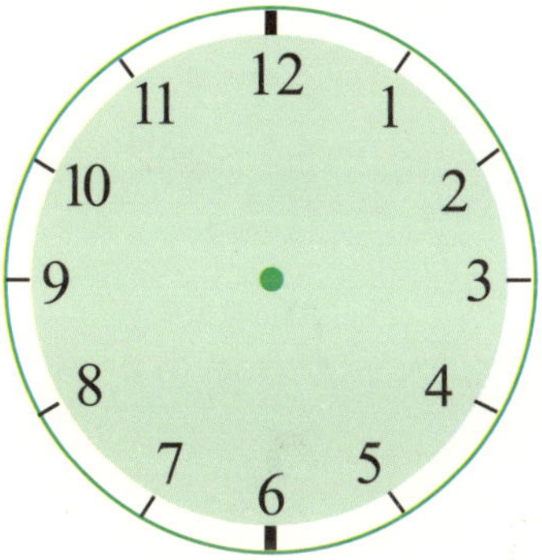

中午 12 : 00，吃中午饭啦！

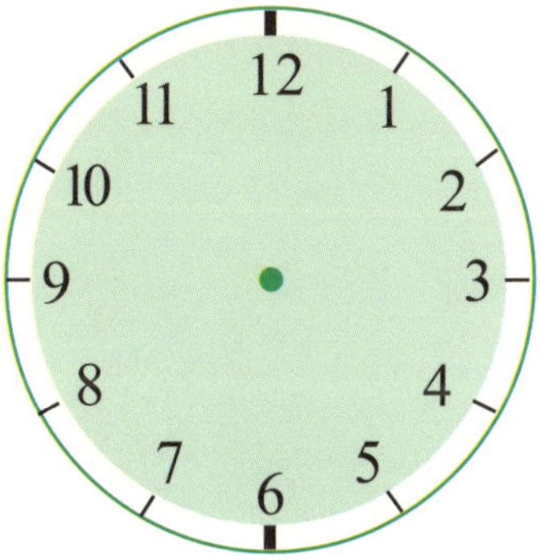

下午 2 : 00，上课啦！

倒数连线

请你按 58～1 的顺序把数字旁的点连起来，看看会连成什么动物呢？

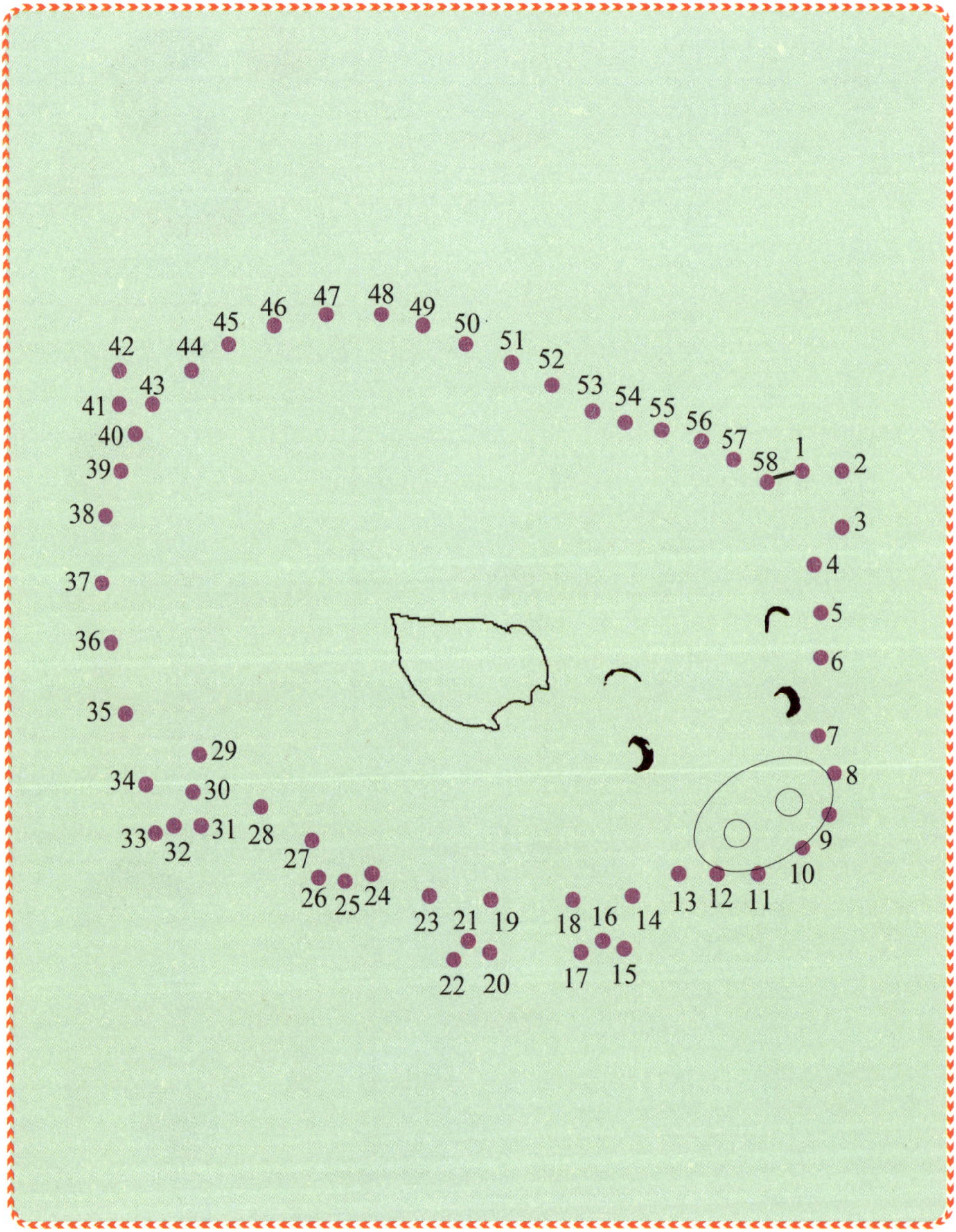

谁的布娃娃

布娃娃胸前的数字与它的小主人身上的数字加起来正好是15。你能根据这个信息将布娃娃与它们的小主人连线吗？

小主人

数水果

图中哪些水果的数量是10？请用笔圈出来吧！

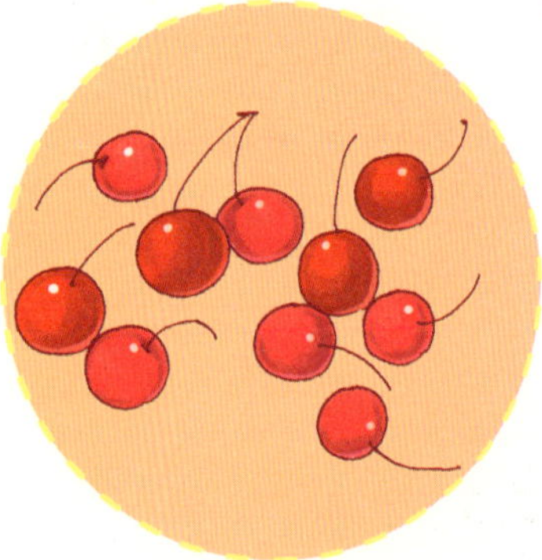

花儿什么时候开放

图中哪些花儿在白天开放？哪些花儿在晚上开放？请你说一说。

牵牛花

芍药

玫瑰花

向日葵

昙花

夜来香

玩具小熊

下图中的玩具小熊，有两只分别属于娜娜和岚岚。请你根据她们的描述，把属于她们的小熊圈出来。

着火啦

窗帘着火了，如果火不大，应该用什么东西灭火呢？请你用笔圈出来。

制作“液体三明治”

根据下图的指示，做一个“液体三明治”吧！

1

准备两勺水、两勺油、两勺蜂蜜和一个有盖子的玻璃瓶。

2

把油、水和蜂蜜倒进玻璃瓶中。

3

将玻璃瓶的盖子盖好，轻轻地摇动瓶子。

4

把瓶子放在桌上，不久就能看到玻璃瓶中的液体分成明显的三层——“液体三明治”出现了。

哪些物品不能食用

下图中哪些物品不能食用？请你用笔圈出来。

藏着哪些小动物

图中藏着哪些小动物呢？请把它们找出来吧！

美丽的拼图

你能用火柴棍组成下列图案吗？

漂亮的花朵

下面这些花朵真漂亮啊！请你仔细观察花朵的排列规律，然后按照规律将缺失的花朵画出来。

几点钟

图中的小朋友在做什么呢？他们是在几点钟做这些事情的？

我家门牌号

请你根据小朋友的对话，推断出他们家的门牌号，然后将小朋友与对应的房子连线。

会想到什么

看到水果店就会想到水果，看到下面的地点时，你会想到什么？说一说吧！

树上的小鸟

树上有 7 只小鸟，如果开枪打下来 1 只，那么树上还有几只小鸟呢？

看图填空

请将下面的词语与对应的图片连线。

哗哗哗，天空下起（　）来。　我家的（　　）喜欢吃鱼。

金鱼　大雨　大树　小花猫

鱼缸里养着 3 条（　　）。　树林中有许多（　　）。

学习造句

请根据图片内容用“有……还有……”造句。

动物园里有……还有……

树上有……还有……

桌子上有……还有……

书柜里有……还有……

近义词

请根据示例，写出近义词。

例：高兴——愉快

美丽——

伤心——

寒冷——

他们在做什么

图中的小朋友在做什么？你能用一句简单的话描述吗？

小鱼吐泡泡

小鱼吐出的泡泡可以连成一个词语接龙，你能将它们补充完整吗？

超市里有什么

超市里的东西真不少。你能说说这些东西应该与什么量词搭配吗？

小动物的家

看图，说说下图中小动物的家都在哪里。

鱼儿的家是小河。

______的家是______。

______的家是______。

______的家是______。

赠汪伦

看图诵读唐诗，体会诗中的场景与情感。

李白乘舟将欲行，
忽闻岸上踏歌声。
桃花潭水深千尺，
不及汪伦送我情。

兔子拔萝卜

下面的两幅图有好几处不同，请你将不同之处圈出来。

我要去上学

请根据图片和儿歌，讲一讲小女孩上学的故事。

绝　句

看图诵读唐诗，体会诗中的色彩和画面感。

两个黄鹂鸣翠柳，
一行白鹭上青天。
窗含西岭千秋雪，
门泊东吴万里船。

图形分类

请你将下面的图形按照要求分类，然后把答案写在相应的方框里。

按卡片的形状分，图中有□种卡片。

按卡片的颜色分，图中有□种卡片。

找朋友

请你找一找，下图中哪个小朋友胸前的数字正好是另一个小朋友胸前算式的得数呢？请将他们用线连起来吧。

吃得多与吃得少

请你说一说，谁吃得多？谁吃得少？

彩旗飘飘

请你帮这些彩旗按从小到大的顺序排列，然后说一说蓝色条纹的彩旗应该排在第几位。

回答问题

小朋友，你能在对话框里写上正确的得数吗？

分蛋糕

小明想请小朋友吃蛋糕，请你说一说，他把蛋糕分成了几份？

对号入座

小朋友在找自己的座位，当他们手中的数字与桌上的算式得数相同时才能坐下，请你帮图中的小朋友对号入座吧！

还剩几只小鸟

树上有 20 只小鸟，飞走了 7 只，又飞来了 3 只，那么现在有几只小鸟呢？

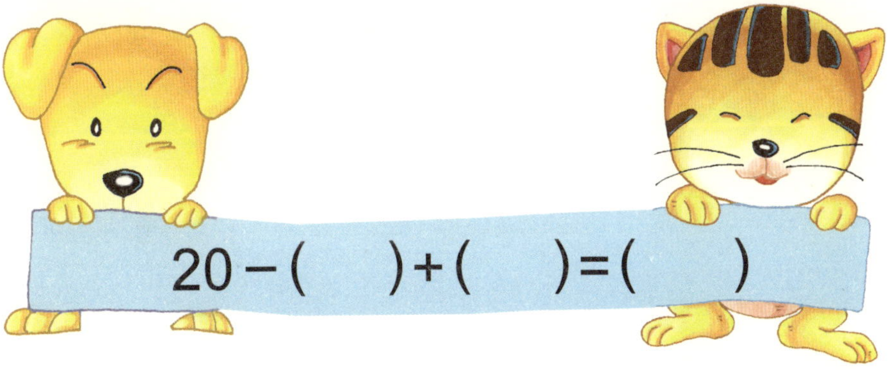

算一算

小狗早上啃了 2 根骨头，中午啃了 3 根骨头，晚上啃了 2 根骨头。小狗一共啃了几根骨头？

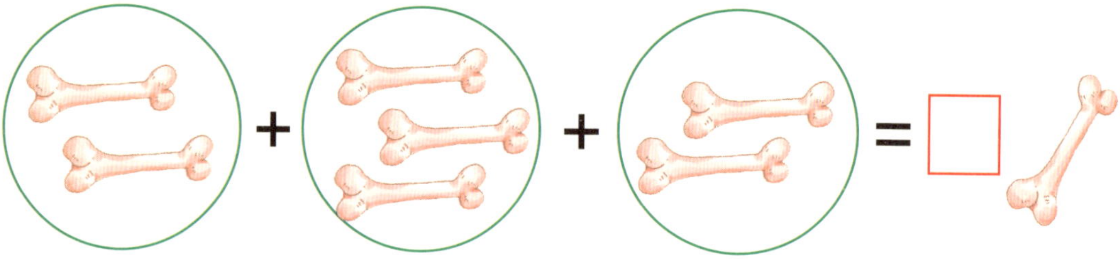

小黄猫钓了 4 条鱼，小花猫钓了 2 条鱼，小黑猫钓了 3 条鱼，它们一共钓了几条鱼？

它们一共钓了 □ 条鱼。

数图形

数一数，下面的图中分别有多少个图形。

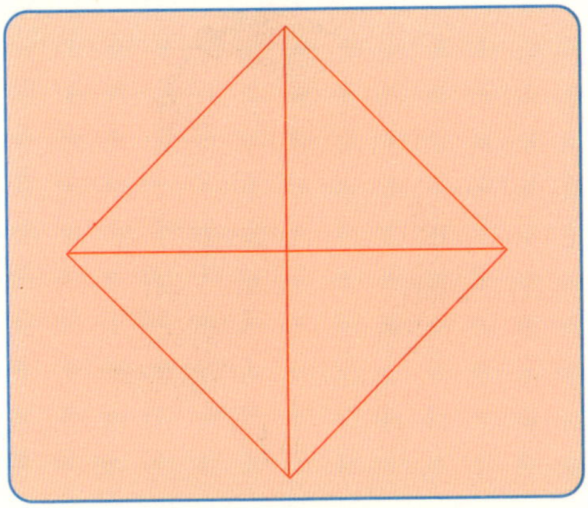

（　　）个三角形，

（　　）个正方形。

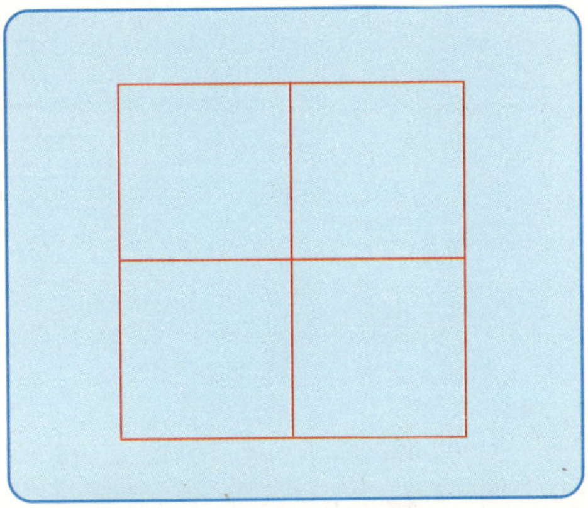

（　　）个正方形。

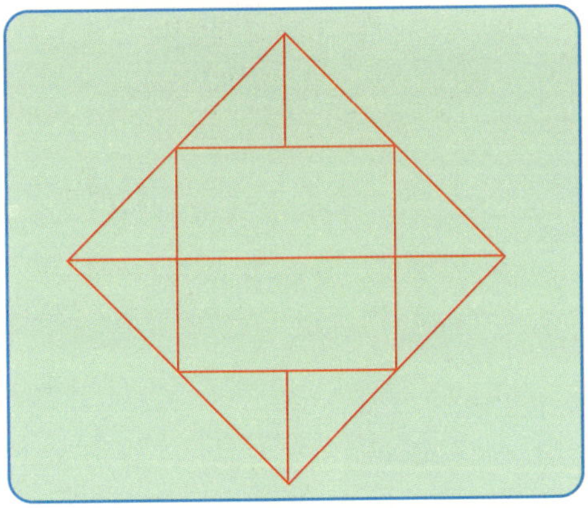

（　　）个三角形，

（　　）个正方形。

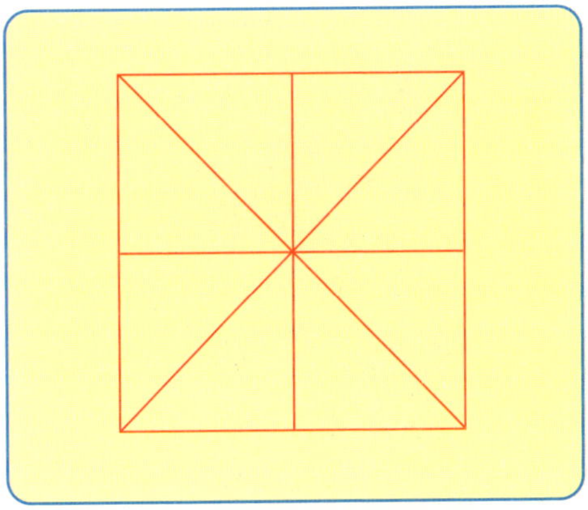

（　　）个三角形，

（　　）个正方形。

会飞的动物

下面的算式得数为 20 的小动物是会飞的。请你算一算，将会飞的动物圈出来吧！

9+11=

9+10=

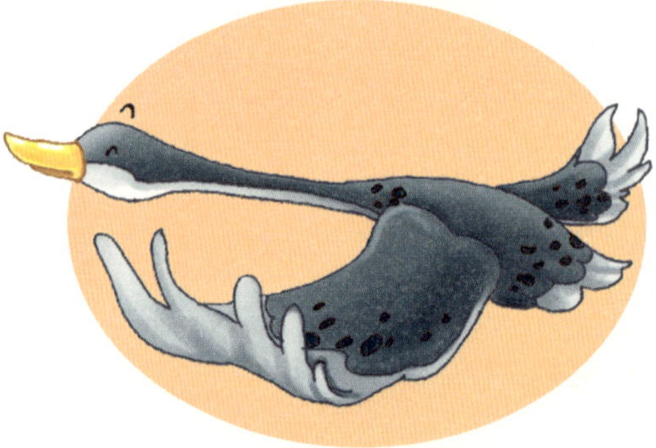

7+13=

12+5=

10+10=

毛毛虫变蝴蝶

毛毛虫是怎样变成美丽的蝴蝶的呢？请你说一说吧！

图案的变化

下面的图案都是按规律排列的。请你找出规律，并在空白处画出相应的图案。

沙漠中的动植物

下面哪些动物和植物会在沙漠中出现？请你用笔圈出来。

仙人掌

水仙

荷花

蝎子

骆驼

青蛙

会拳击功夫的袋鼠

在澳大利亚的草原上，生活着许多袋鼠。袋鼠妈妈有一个“口袋”，刚出生的小袋鼠就生活在那里。袋鼠是一种温顺的动物，但是它们有时会用前爪和伙伴打斗，看起来就像是会拳击功夫一样。请你讲一讲下图中袋鼠的故事吧。

草原霸主——狮子

被称为“草原霸主”的狮子全身长着黄褐色的短毛，雄狮还长着金黄色或灰色的鬃毛。在大草原上，狮子几乎没有什么对手。请你讲讲狮子捕猎的故事吧。

送给妈妈的鲜花

母亲节到了，小朋友们都买来花束送给自己的妈妈。请你根据小朋友们身上的数字和他们说的话，将小朋友与他们买的花束连线。

我选比我小3的花。

我选比我大3的花。

我选比我小2的花。

电的应用

图中哪些物品需要通电才能使用？请你用笔圈出来。

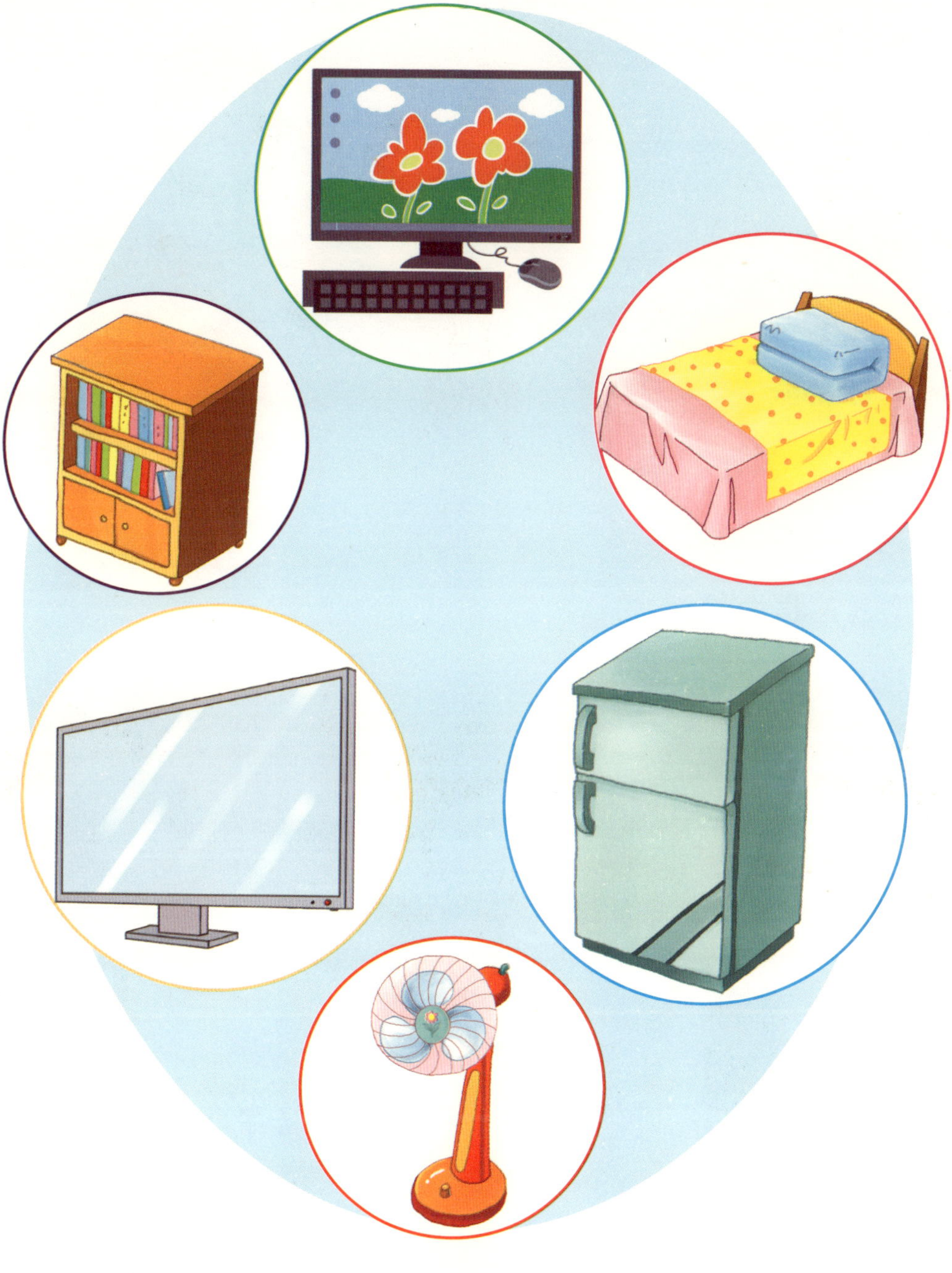

四大发明

小朋友，你知道我国古代的四大发明吗？它们有什么用途呢？

指南针

火药

造纸术

活字印刷术

哪一部分可以食用

观察图中的植物，我们可以食用它的哪一部分呢？请你用笔圈出来。

各种飞行器

请你说出图中飞行器的名称。

完成公鸡拼图

下面的公鸡拼图少了一块，请小朋友仔细看一看，对比一下，把少的那一块圈出来吧！

五官的用途

图中的小朋友在做什么？他们分别使用的是哪个器官？

最下面的木板

下面每幅图中哪一块木板被压在最下面？将长方形框中的木板与对应的图连线。

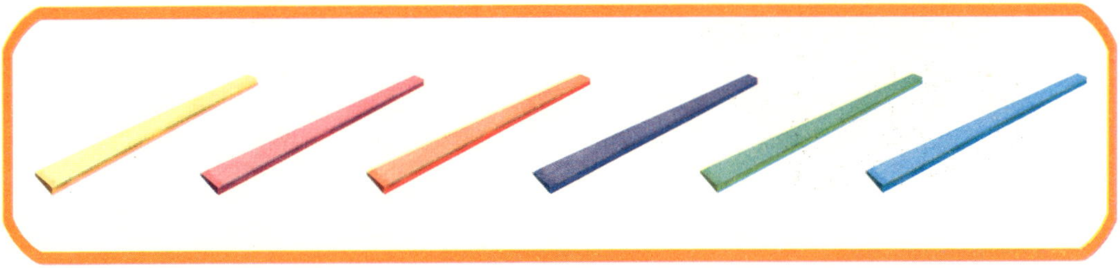

玻璃制品

下图中哪些物品是用玻璃制作的呢？请你将它们圈出来。

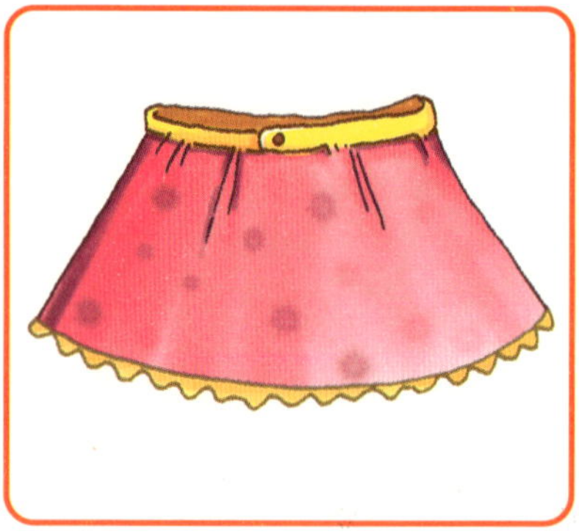

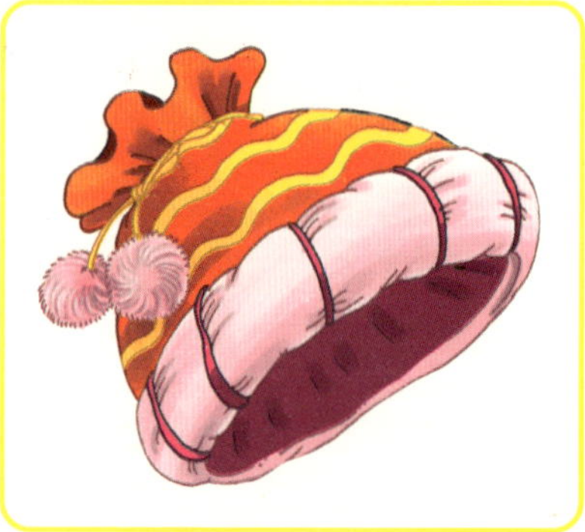

荷叶上的青蛙

荷叶上蹲着多少只青蛙？请你按要求数出青蛙的数量并将答案写进括号里。

每次数 2 只，数了（　　）次；每次数 3 只，数了（　　）次；每次数 4 只，数了（　　）次；共有（　　）只青蛙。

将图片拼完整

下面左边的图片都缺少了两部分。请在右图中找出缺少的部分，并将其对应的字母填在圆圈里。

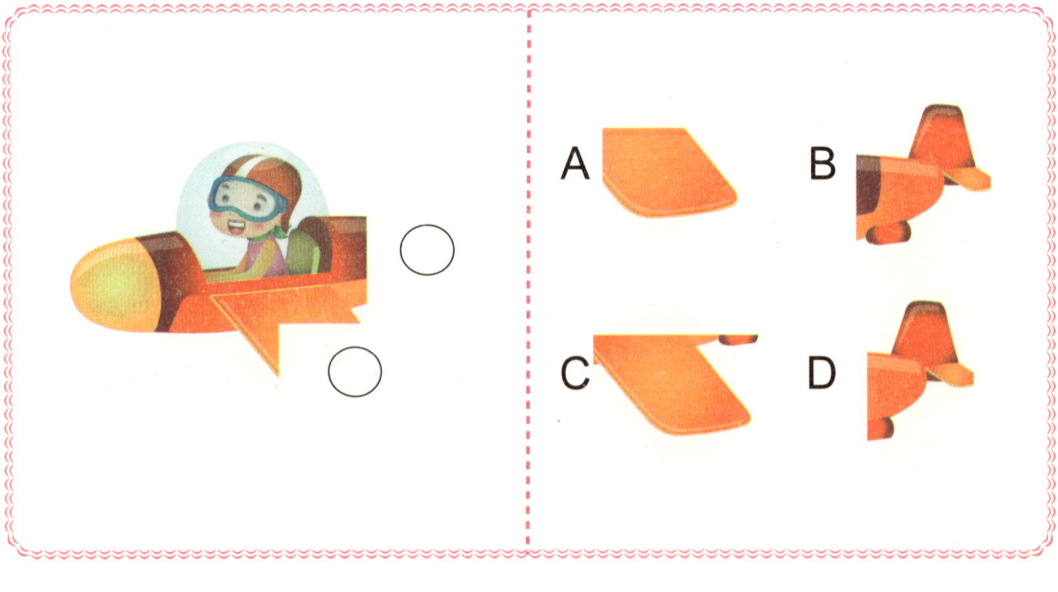

分辨颜色

图中的东西是什么颜色的？请根据提示把字母填在圆圈中。

A 橘黄色　B 红色　C 黄色　D 绿色　E 紫色　F 蓝色

鸟妈妈回窝

鸟妈妈要回窝照看鸟宝宝，但它飞行时必须经过鸟类才能找到鸟宝宝。请你为鸟妈妈画出路线图吧！

反义词

请把图中具有相反意义的两组事物用线连起来。

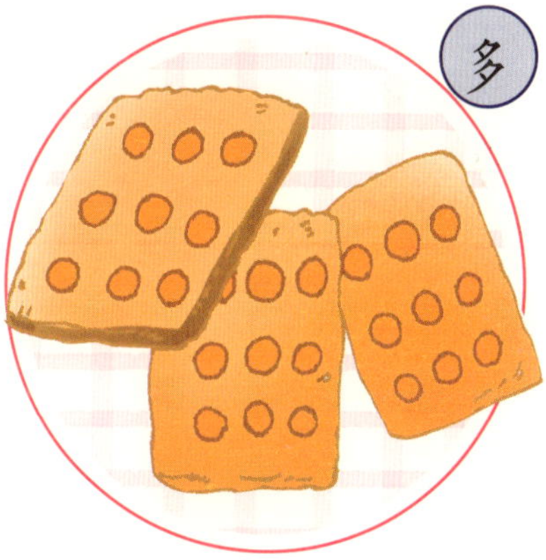

字母游戏

你看到A、B、C、D、E 5个字母了吗？请在下面的字母中圈出和它一模一样的字母。一定要看准哟！

寻找小动物

下面的线条里藏着一只小动物，你能找出来吗？沿线条画一画，找一找吧！

补墙纸

咪咪家的墙纸掉了一块，快帮她找到相同的墙纸补上吧！

小兔子照镜子

两只小兔子正在照镜子，镜子里照出的应该是哪幅图呢？请你用笔圈出来。

彩色的气球

下图中的气球是按照一定的规律排列的。请你在空白处画出一个气球，并根据这个规律给它涂色吧！

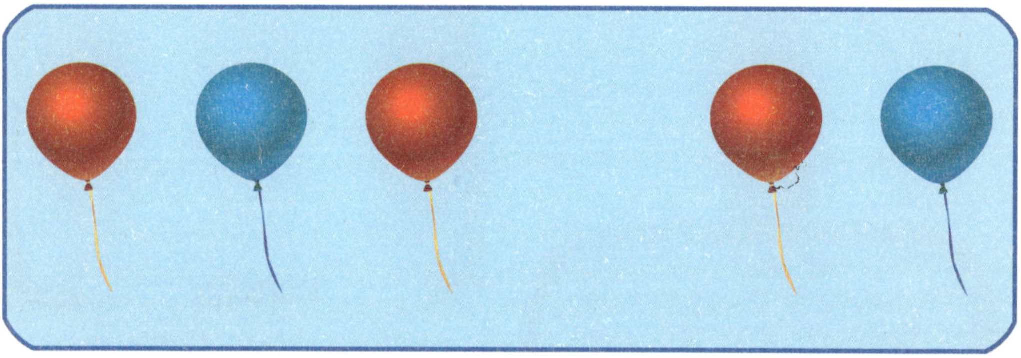

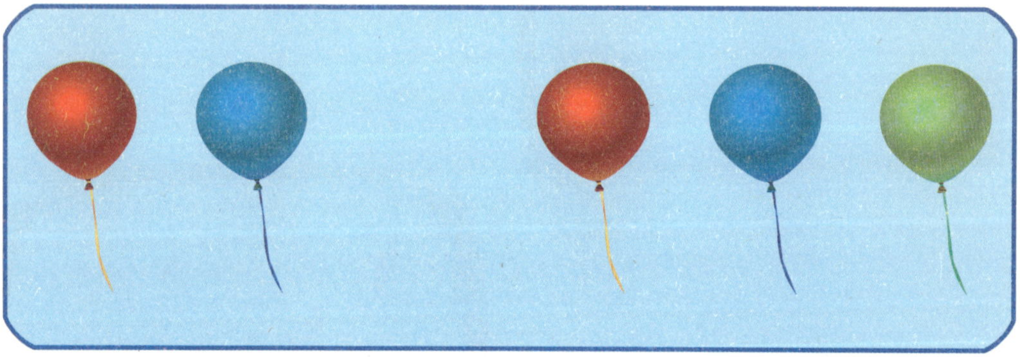

益虫和害虫

请你找一找，下面哪些昆虫是益虫？哪些是害虫？是益虫的在圆圈内画“✓”。

蜻蜓

蝉

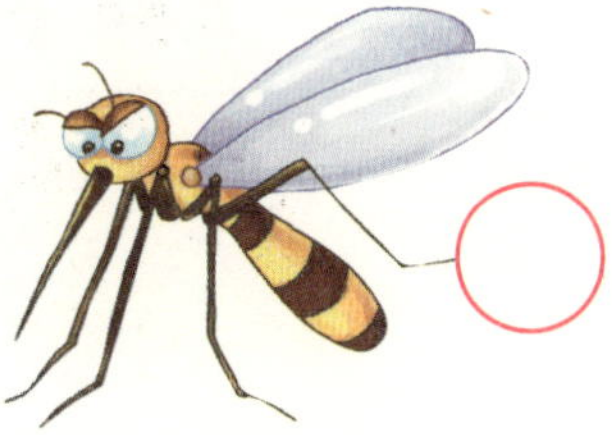

马蜂

苍蝇

螳螂

七星瓢虫

蟋蟀

蜜蜂

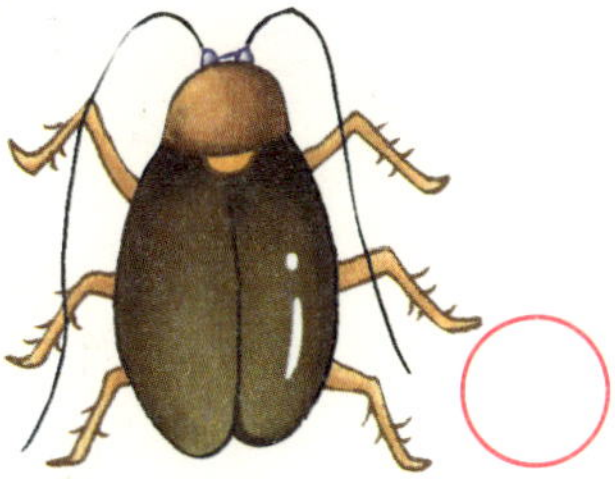

虎甲虫

哺乳动物

你知道图中哪些动物是哺乳动物吗？请用笔圈出来。

完整的图画

小朋友，下图中有汽车、飞机、滑梯，请你从图上方的方框中选择恰当的图形，与图画的空白处连线，使汽车、飞机、滑梯变得完整。

能看见什么

坐在行驶的汽车里，可以看见马路上的树和房子。坐在宇宙飞船、摩天轮、潜水艇、飞机中又能看见什么呢？小朋友可以和爸爸妈妈说一说。

美丽的鲜花

俏俏拍了一张鲜花盛开的照片，可照片有一小块被遮住了。请你从小图中圈出那一块，帮俏俏修复照片吧！

不同的小猪

下面 3 张小猪的照片与例图相比，都有一处不同。请你将不同之处圈出来，看看谁的眼力最厉害！

例图：

①

②

③

观察角度

佳佳看到桌子上的汽车和球是什么样的呢？请你从下面找出正确的图并用笔圈出来。

1

2

3

4

反义词

根据图片，说出相反的词。

烤鸭热，冰激凌______

左边少，右边______

书很厚，纸很______

老鼠小，大象______

量词的搭配

将下列物品与合适的量词连起来。

一本

一根

一头

一把

一辆

一只

一匹

一张

形容词连线

动物园有许多动物，你能把它们与合适的形容词连起来吗？

滑稽的

可爱的

凶猛的

温顺的

狡猾的

美丽的

看图说形容词

小朋友，你可以用合适的形容词描述下图中的事物吗？

______天空

______猫

______小草

______苹果

______花儿

______衣服

猜昆虫

词语接龙迷宫

请你按词语首尾是同一个字的顺序走出迷宫。

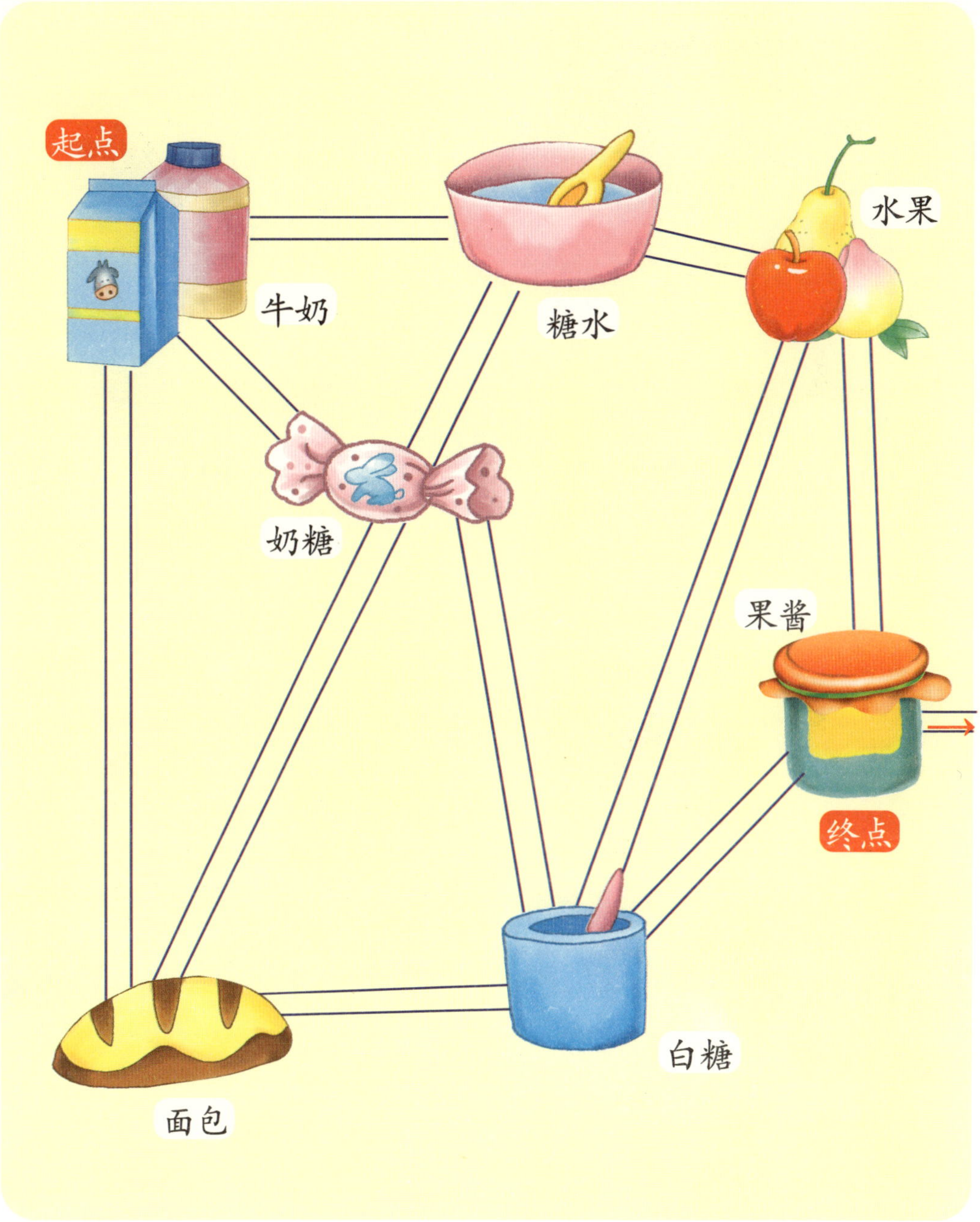

看图讲故事

仔细看下面几幅图，编一个小故事讲给妈妈听。

①

②

③

④

找相同

请小朋友在横线上填上和图画中的物体有相同之处的词。

小鸟会飞，会飞的还有______。

皮球是圆的，圆的东西还有______。

红旗是红色的，红色的还有______。

鸭子会游泳，会游泳的还有______。

连一连

请你从 1 开始，用铅笔将数字按照从小到大的顺序连起来，看看下图是个什么动物。

数积木

请认真数一数左右两组积木的个数，将个数相同的积木用线连起来。不要忘记被挡住的积木哦！

小动物的家

请仔细看图，说说长颈鹿上面住的是谁？下面是谁？左边是谁？右边是谁？它们分别住在几楼？

图形的排列

请仔细观察下面的图形是怎样排列的，再翻到下一页。

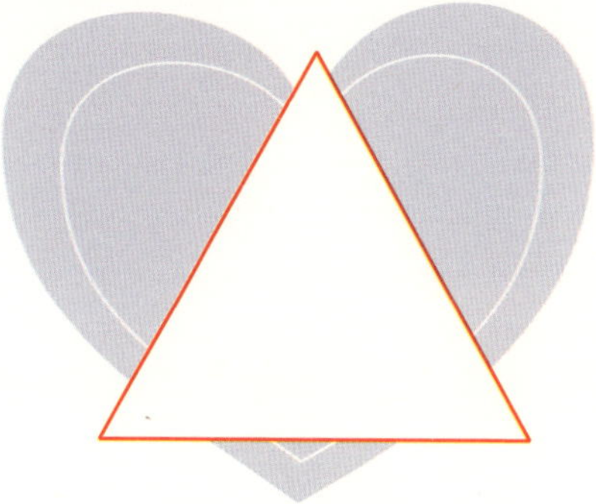

三角形

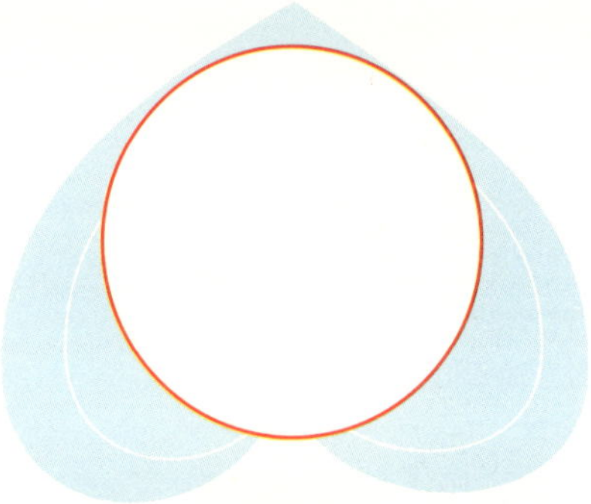

圆形

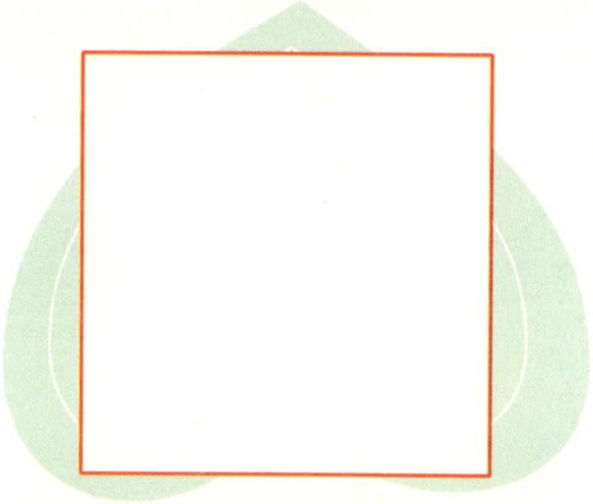

正方形

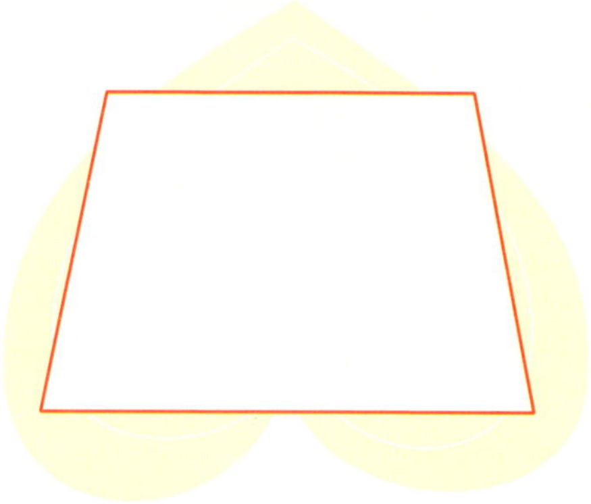

梯形

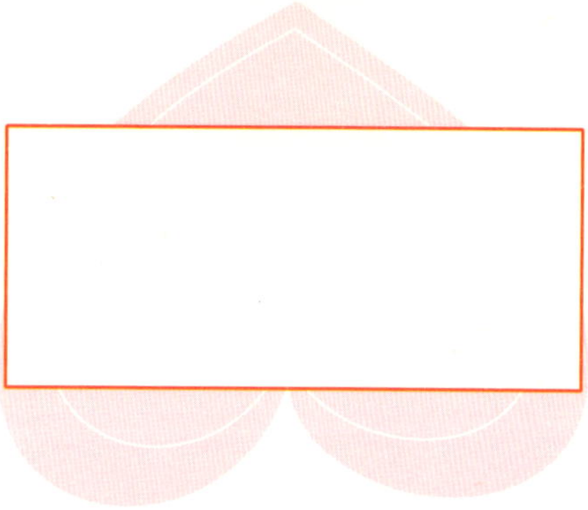

长方形

你还记得上一页图形的排列顺序吗？在下面画出来吧！

小动物乘车

小动物们乘车去郊游，请你按照小牛和小熊的要求，送它们上车吧！可以用笔把小动物和对应的位置连起来。

我坐小兔后面。

我坐小兔前面。

找不同

下面哪个图形与其他图形不同？请你用笔圈出来。

认识动物

你能说出这些动物的名称吗？

认识钟表

将钟表上的时间写在下面的横线上。

____:____

____:____

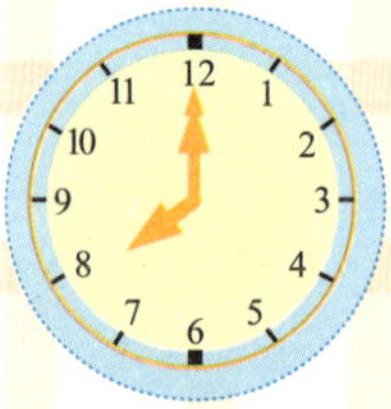

____:____

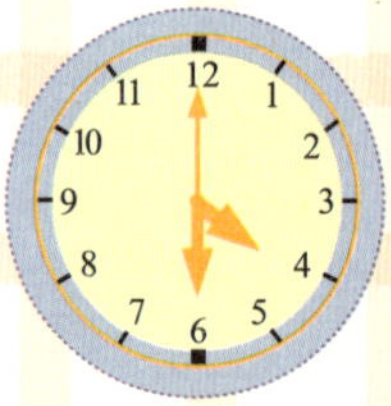

____:____

____:____

____:____

____:____

____:____

冷和热

下面的事物哪些会让你感觉冷？哪些会让你感觉热？

可爱的帽子

小动物戴的帽子真可爱呀！仔细看1分钟，然后翻到下一页。

说一说，这些帽子分别是哪个小动物的。

我爱吃的蔬菜

说出这些蔬菜的名字，然后在下一页把它们圈出来。

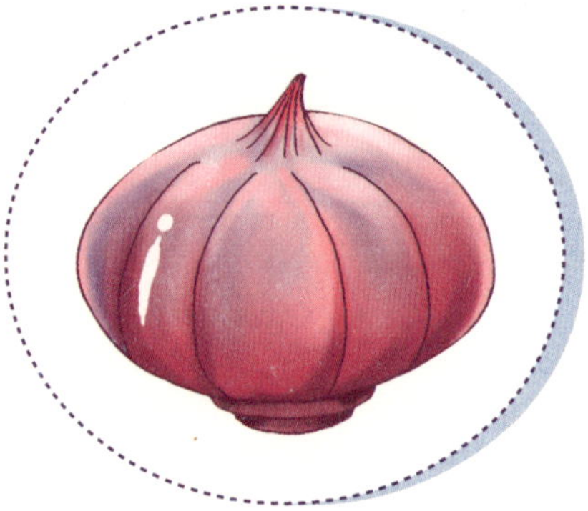

火车开了

仔细看图，再翻到下一页。

这幅图与上一幅有哪 4 处不一样？

海底世界

仔细看图，再翻到下一页。

这幅图与上一页图有 6 处不同，请找出来吧！

帮动物宝宝找妈妈

将动物宝宝和它们的妈妈连起来。

谁的速度快

比一比，每组中谁的速度最快？请你用笔把它圈出来。

称体重

你知道下面这些动物谁最轻、谁最重吗？

区分四季

请说出下面的图片分别是哪个季节的景色。

小白兔种白菜

下面 4 幅图描绘了小白兔种白菜的故事，但是顺序被打乱了。请按照正确的顺序重新为这 4 幅图编号，并把序号写在圆圈内。

晚上拍的照片

你能在下面的照片中找出哪些是晚上拍的吗？用笔圈出来。

花花照镜子

看一看，哪一幅图是小猪花花从镜子里照出来的样子？用笔把图圈出来。

①

②

③

折纸船

小朋友们正在比赛折纸船，请说说谁折得最快。

小丽

小伟

小强

堆雪人

下雪了，快来堆雪人吧！下面是明明堆雪人的图片，可是图片的顺序写错了，请你重新排序，将正确的序号写出来。

百变图形

两个图形可以组成一艘帆船。小朋友，你能用下面的图形组成哪些事物呢？请在空白方框里画出来。

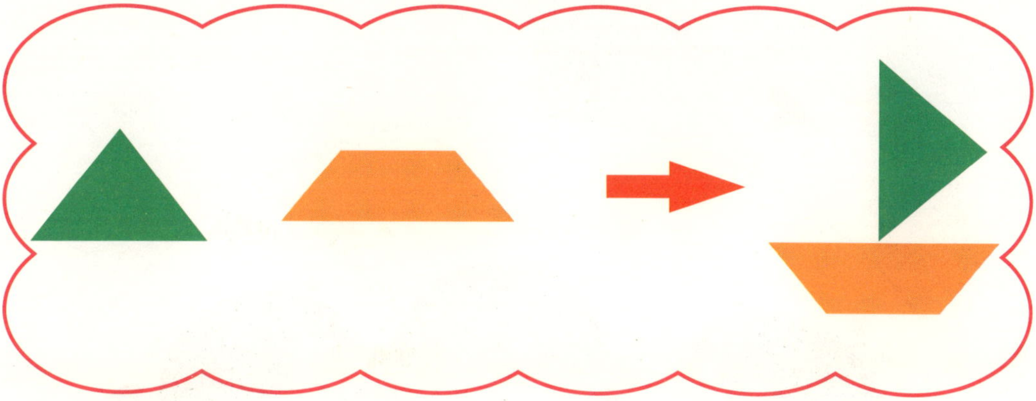

谁的小狗

每个小朋友都养了一只小狗。小狗真淘气，把绳子都绕到一起了。你知道这些小狗分别是哪个小朋友的吗？请你用线把小朋友和他的小狗连起来。

给物品分类

看一看，把下列物品和对应的类别连起来。

水还可以做什么

水可以用来洗脸、洗澡、洗衣服，也可以喝。除此之外，水还能做什么呢？小朋友可以和爸爸妈妈说一说。

彩色木板

小朋友，从正上方看彩色木板，会是什么样子的呢？想一想，圈出正确的答案吧！

它是谁

下面四宫格图中藏着一只小动物，请你拼一拼，并把你拼成的小动物圈出来。

画出另一半

下面的图都只画了一半，请你帮忙补充完整吧！

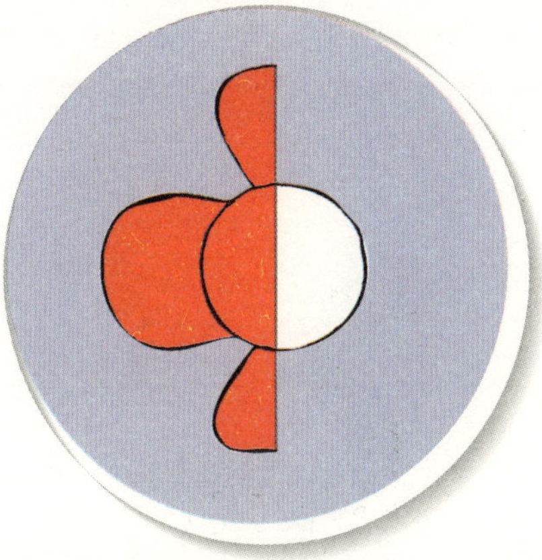

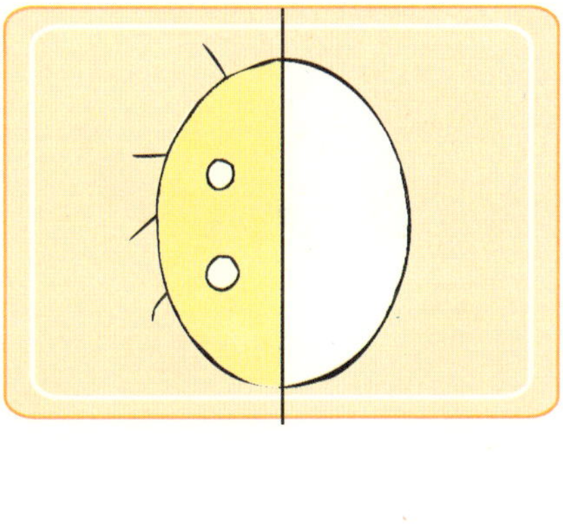

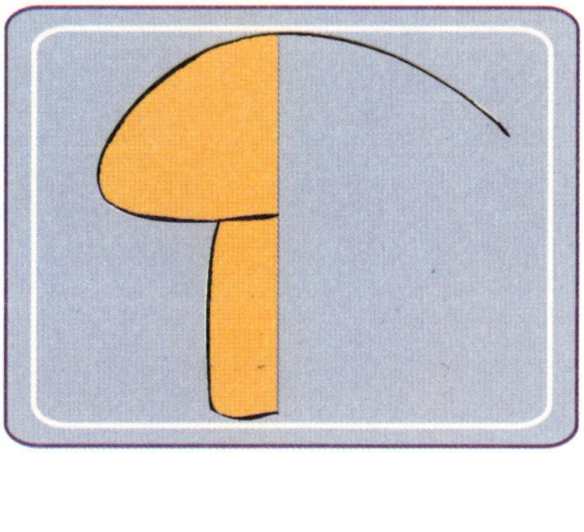

天上的动物

天上的云彩像各种各样的动物，你能说说这些云彩分别像什么动物吗？

扩句和缩句

小朋友，你会短话长说和长话短说吗？快来试一试吧！

爸爸是个医生。

扩句：______________________

我帮助了小女孩。

扩句：______________________

凶猛的狮子被抓住了。

缩句：______________________

聪聪是个尊敬老人的好孩子。

缩句：______________________

涂一涂

画中的小姑娘还没有涂色，请你将有数字的区域涂上对应的颜色。

飞上太空

小猪多多开着宇宙飞船飞上太空了。它在太空能看到什么呢？拿起画笔画出来吧！

雪人不见了

下雪了，芳芳和明明堆了一个小雪人。太阳出来后雪人却不见了。请你对妈妈说一说雪人为什么不见了。

火柴棒游戏

用火柴棒可以摆出多种有意思的小人，请动手摆出下图中没有的新的小人。

去游乐场玩

俏俏与爸爸妈妈一起去游乐场游玩。俏俏要玩摩天轮，还要去吃薯条。请帮俏俏找出这 2 个地方的坐标。

树叶拼图

看，用树叶拼出的图案多漂亮！请收集一些树叶，试一试拼出一个不一样的漂亮图案吧！

蔬菜和水果的颜色

图中的蔬菜和水果是什么颜色呢？请给它们涂上颜色吧！

找食物

小动物们找不到自己喜欢吃的食物了，请帮它们找一找，用笔把它们和喜欢吃的食物连起来吧！

找蜡笔

图中的水果、蔬菜的颜色与下面哪组蜡笔的颜色是对应的呢？请找一找，连一连。

小猴吃桃子

小猴要吃到所有的桃子，但又不能走重复的路，怎么办呢？请小朋友用笔画出正确的路线。

小猪的糖果屋

小猪梦见了糖果屋，它的门、窗、屋顶都布满了饼干和糖果。请你发挥想象，将更多好吃的饼干和糖果添画在糖果屋上。

答案

P1. 要下雨啦

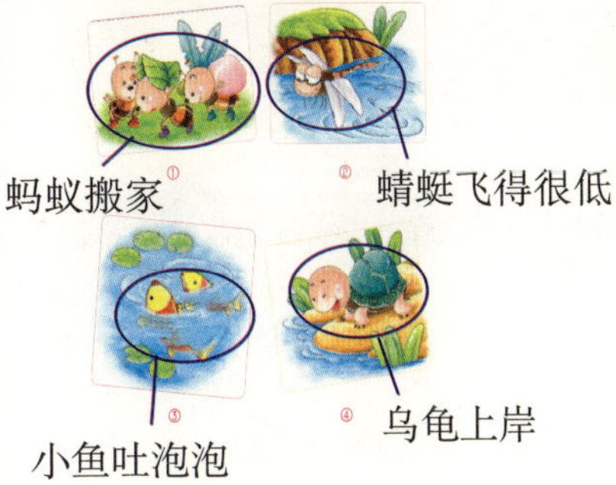

P2. 玩具与数

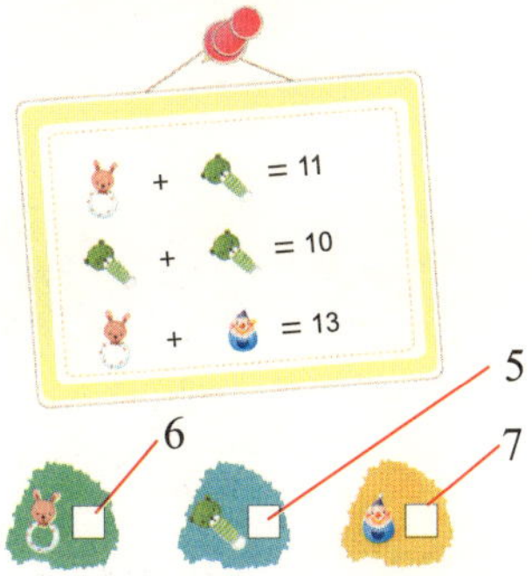

P3. 认识各种职业的人

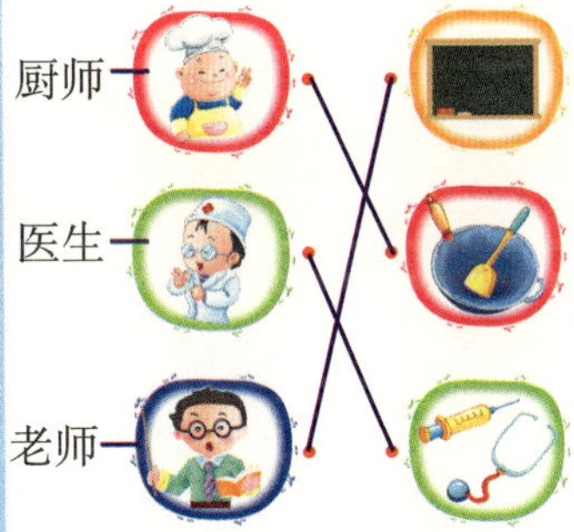

P4. 伞下躺着几个人

4 双小脚丫，4 个人。

P5. 倒过来的样子

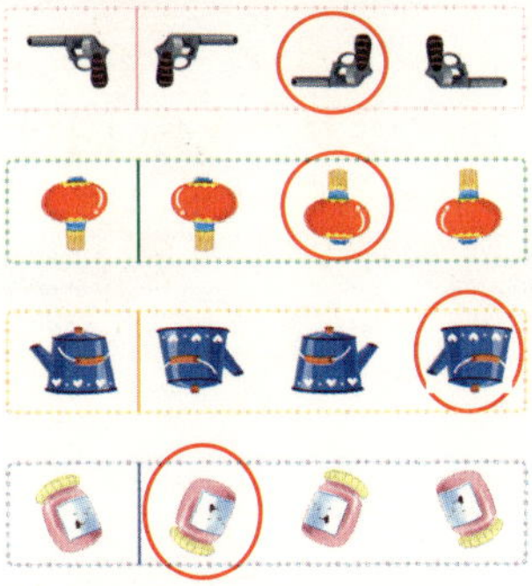

P6. 该打什么电话

P7. 它们生活在哪里

P8. 摆出图形（略）

P9. 圈出图形

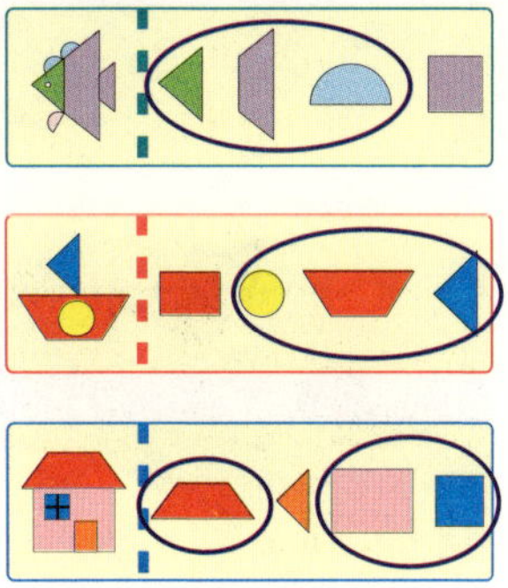

P10. 到海边玩

P11. 动手拼一拼（略）

P12. 他们为什么要跑（略）

P13. 什么声音

P14. 学习形容词（略）

P15. 谁对，谁不对

P16. 等　分

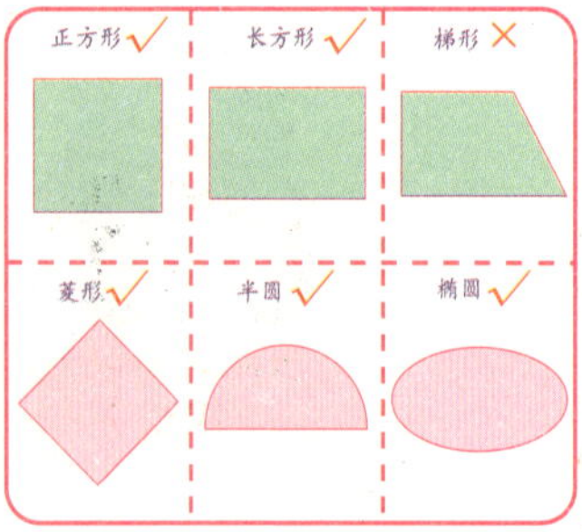

P17. 哪些物品可以等分

P18. 连线游戏（略）

P19. 涂　色

P20. 认识相邻数

1	2	3	4
5	6	7	8
9	10	11	12
13	14	15	16

P21. 认识钟表

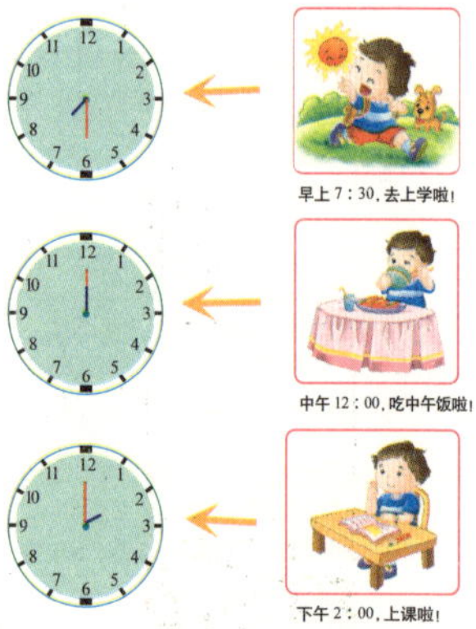

P22. 倒数连线（略）

P23. 谁的布娃娃

P24. 数水果

P25. 花儿什么时候开放

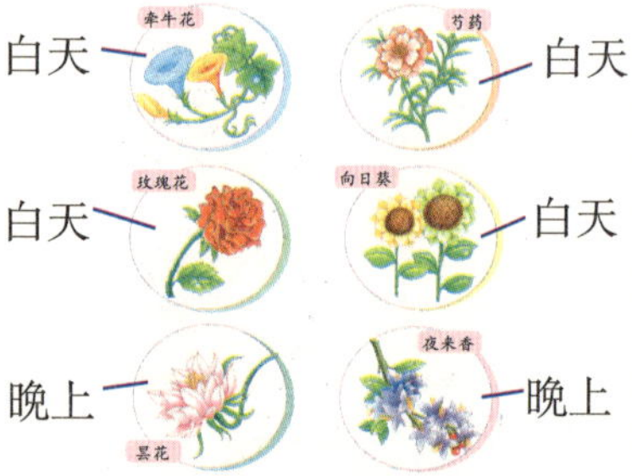

P26. 玩具小熊

P27. 着火啦

P28. 制作“液体三明治”（略）

P29. 哪些物品不能食用

P30. 藏着哪些小动物

P31. 美丽的拼图（略）

P32. 漂亮的花朵

P33. 几点钟

中午 12 点，吃中午饭。

上午 7 点 50 分，去上学。

下午 6 点 30 分，看电视。

晚上 10 点 30 分，睡觉。

P34. 我家门牌号

P35. 会想到什么

买衣服

读书

过生日

治病

P36. 树上的小鸟

一只也没有，除了打下来的那只，其他小鸟被枪声吓跑了。

P37. 看图填空

P38. 学习造句（略）

P39. 近义词（答案不唯一）

美丽—漂亮

伤心—难过

寒冷—冰冷

P40. 他们在做什么

①小女孩在晾衣服。

②小男孩在浇花。

③小女孩在看书。

④小男孩在搬东西。

P41. 小鱼吐泡泡

分 秒 必 争

争 先 恐 后

P42. 超市里有什么

一个机器人

一把剪刀

一双鞋子

一个布娃娃

一件衣服

一盏台灯

一瓶饮料

一条毛巾

P43. 小动物的家（答案不唯一）

P44. 赠汪伦（略）

P45. 兔子拔萝卜

P46. 我要去上学（略）

P47. 绝　句（略）

P48. 图形分类

按卡片的形状分，有 5 种卡片。

按卡片的颜色分，有 3 种卡片。

P49. 找朋友

P50. 吃得多与吃得少

P51. 彩旗飘飘

蓝色条纹的彩旗应该排在第五位。

P52. 回答问题

P53. 分蛋糕

P54. 对号入座

P55. 还剩几只小鸟

P56. 算一算

P57. 数图形

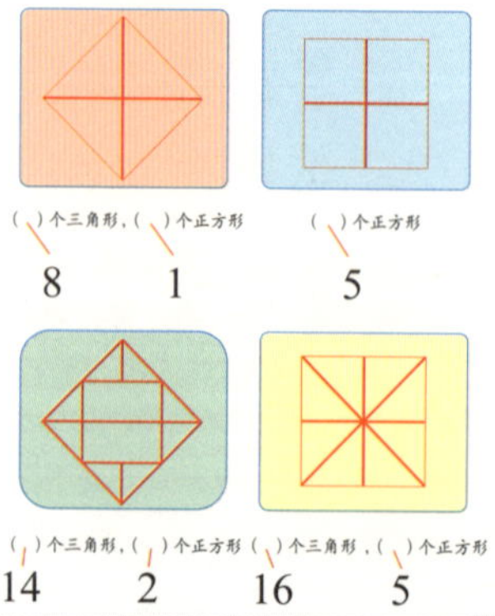

P58. 会飞的动物

P59. 毛毛虫变蝴蝶（略）

P60. 图案的变化

P61. 沙漠中的动植物

P62. 会拳击功夫的袋鼠（略）

P63. 草原霸主——狮子（略）

P64. 送给妈妈的鲜花

P65. 电的应用

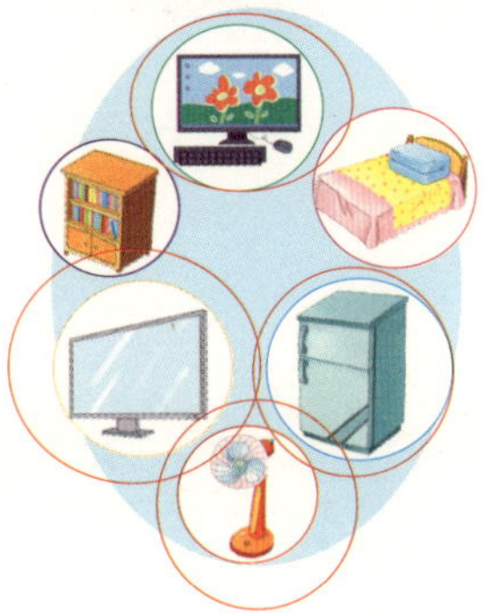

P66. 四大发明

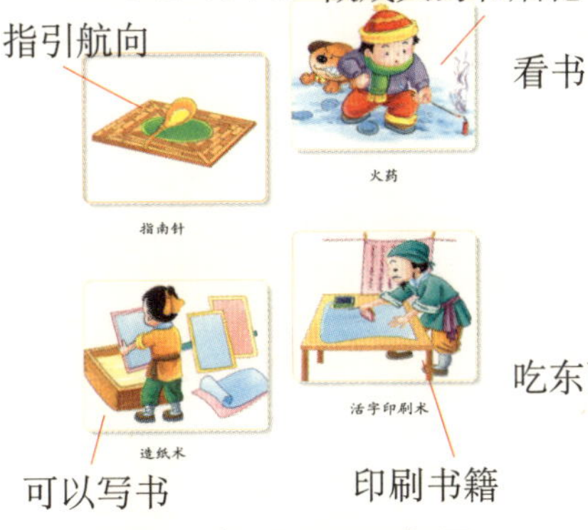

P67. 哪一部分可以食用

P68. 各种飞行器

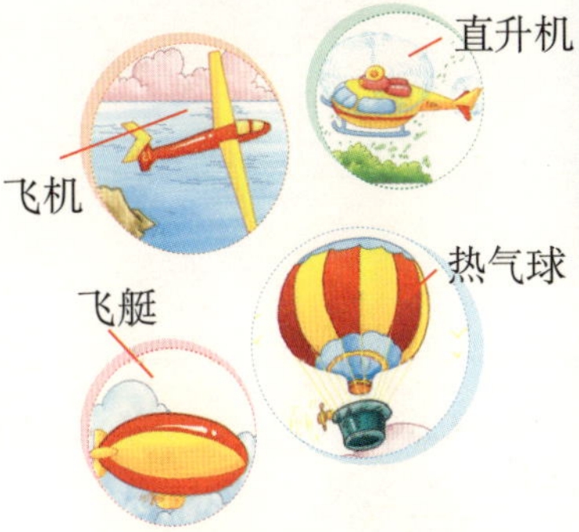

P69. 完成公鸡拼图

P70. 五官的用途

P71. 最下面的木板

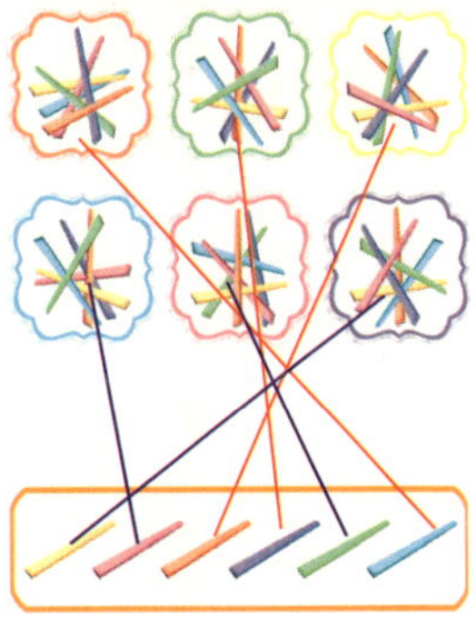

P72. 玻璃制品

P73. 荷叶上的青蛙

每次数 2 只，数了（6）次；每次数 3 只，数了（4）次；每次数 4 只，数了（3）次；共有（12）只青蛙。

P74. 将图片拼完整

A, B　　A, B

P75. 分辨颜色

P76. 鸟妈妈回窝

P77. 反义词

P78. 字母游戏

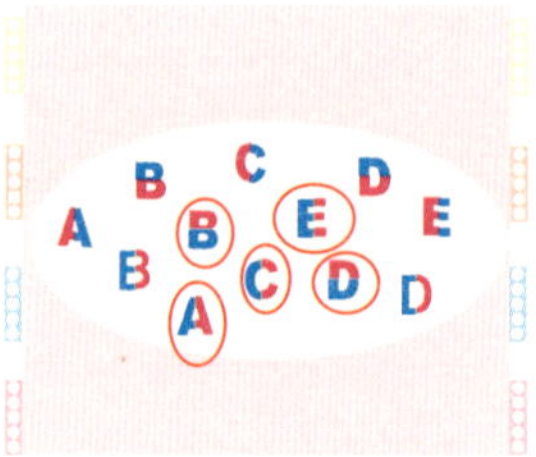

P79. 寻找小动物

P80. 补墙纸

P81. 小兔子照镜子

P82. 彩色的气球

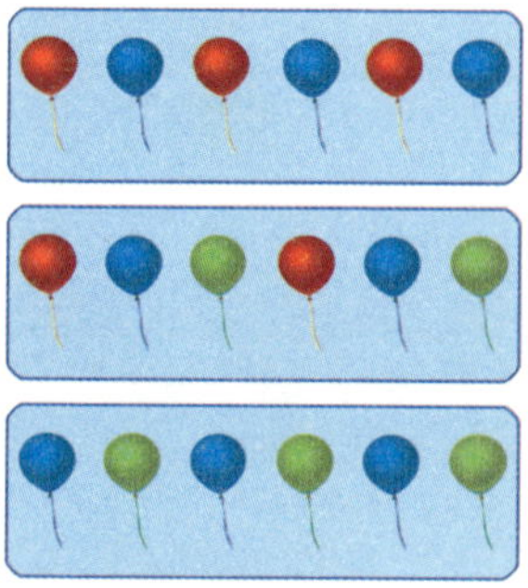

P83. 益虫和害虫

P84. 哺乳动物

P85. 完整的图画

P90. 反义词

P95. 词语接龙迷宫

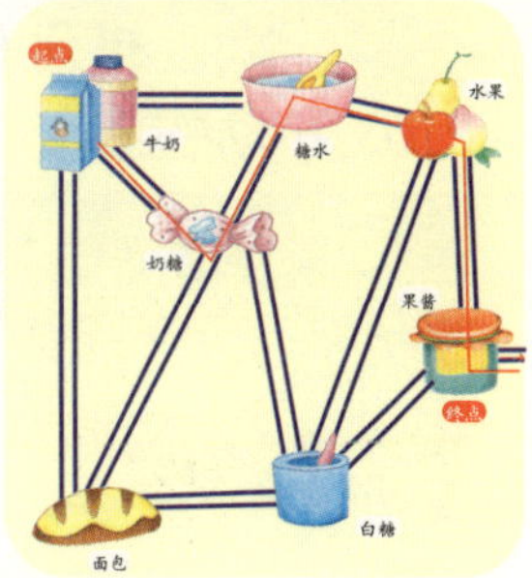

P86. 能看见什么（略）

P87. 美丽的鲜花

P91. 量词的搭配

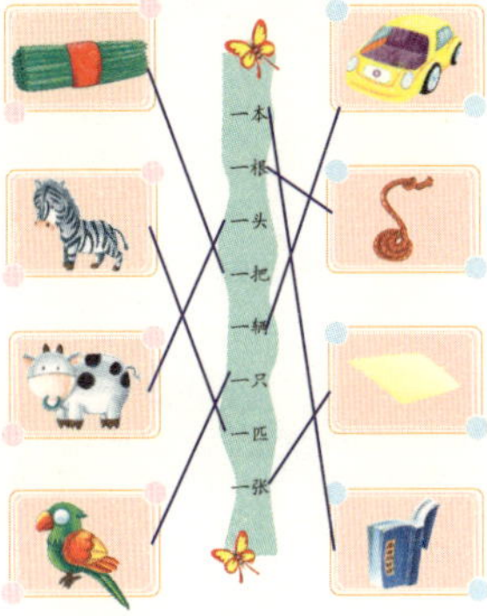

P96. 看图讲故事（略）

P97. 找相同（答案不唯一）

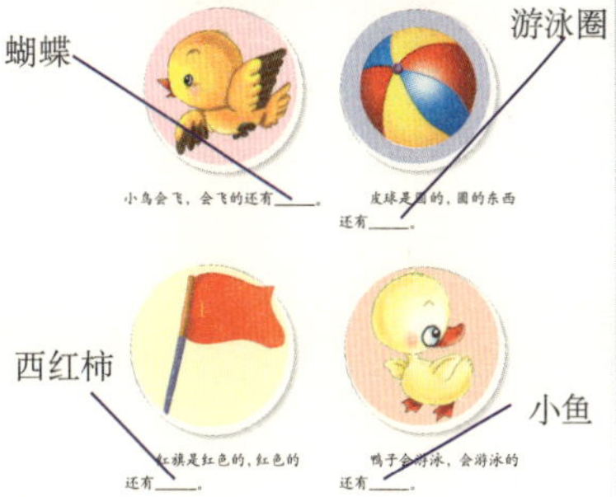

P88. 不同的小猪

P92. 形容词连线

P98. 连一连（略）

P99. 数积木

P89. 观察角度

P93. 看图说形容词（略）

P94. 猜昆虫

萤火虫

P100. 小动物的家

P101~102.图形的排列（略）

P103.小动物乘车

P104.找不同

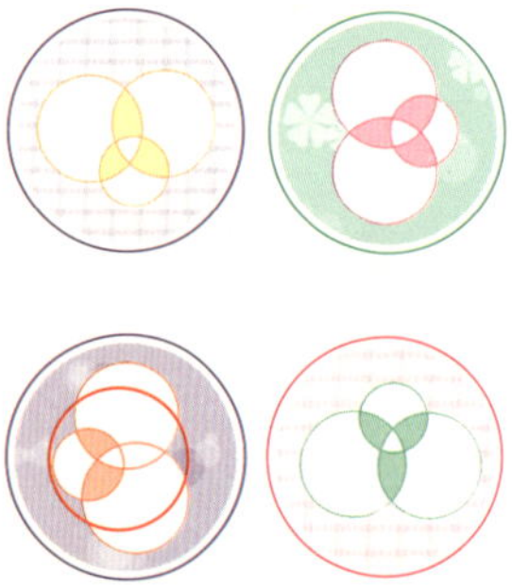

P105.认识动物

P106.认识钟表

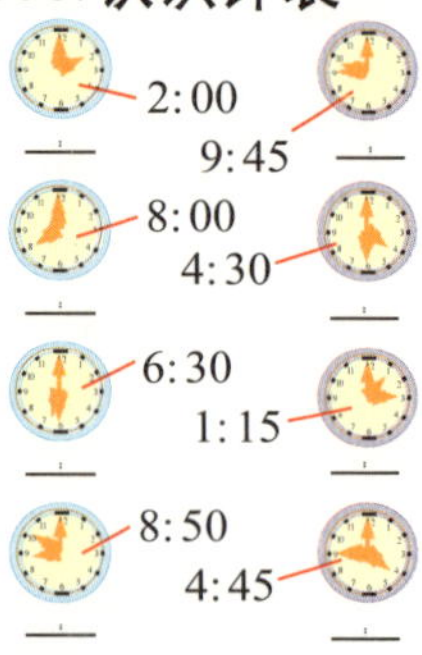

P107.冷和热

P108~109.可爱的帽子

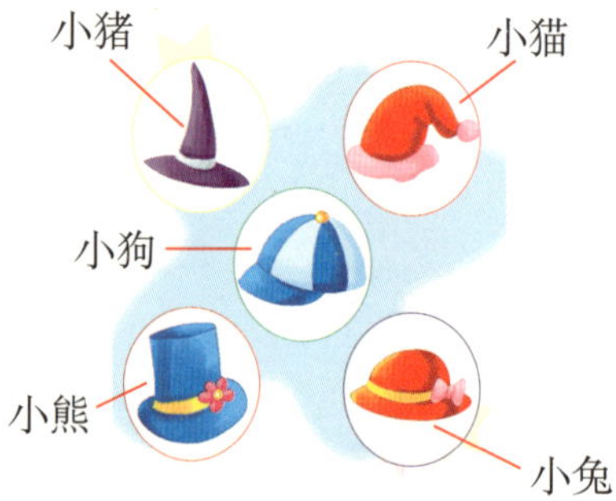

P110~111.我爱吃的蔬菜

P112~113.火车开了

P114~115.海底世界

P116.帮动物宝宝找妈妈

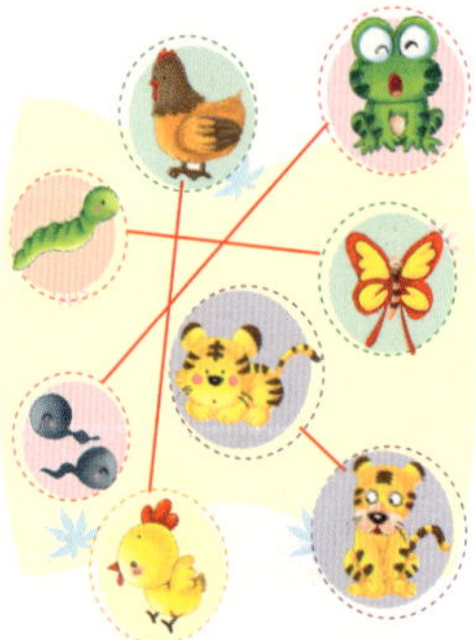

P117.谁的速度快

P118. 称体重

P119. 区分四季

P120. 小白兔种白菜

P121. 晚上拍的照片

P122. 花花照镜子

P123. 折纸船

P124. 堆雪人

顺序：②①④③

P125. 百变图形（略）

P126. 谁的小狗

P127. 给物品分类

P128. 水还可以做什么（略）

P129. 彩色木板

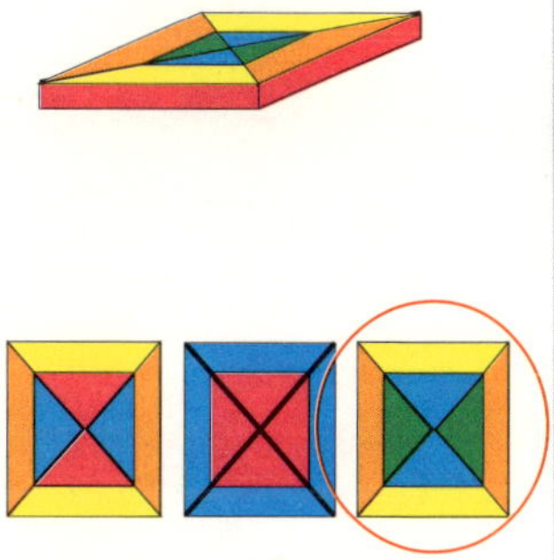

P130. 它是谁

P131. 画出另一半（略）

P132. 天上的动物

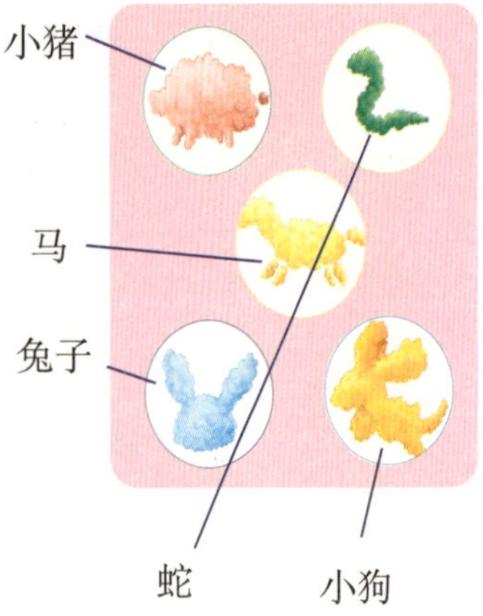

P133. 扩句和缩句（略）

P134. 涂一涂（略）

P135. 飞上太空（略）

P136. 雪人不见了

例如，太阳出来，气温升高，雪人融化了。

P137. 火柴棒游戏（略）

P138. 去游乐场玩

P139. 树叶拼图（略）

P140. 蔬菜和水果的颜色（略）

P141. 找食物

P142. 找蜡笔

P143. 小猴吃桃子

P144. 小猪的糖果屋（略）